D1753561

Un hilo de... sol

Texto
MIDO BRANCA

Ilustraciones
ISABELLA MISSO

SAN PABLO

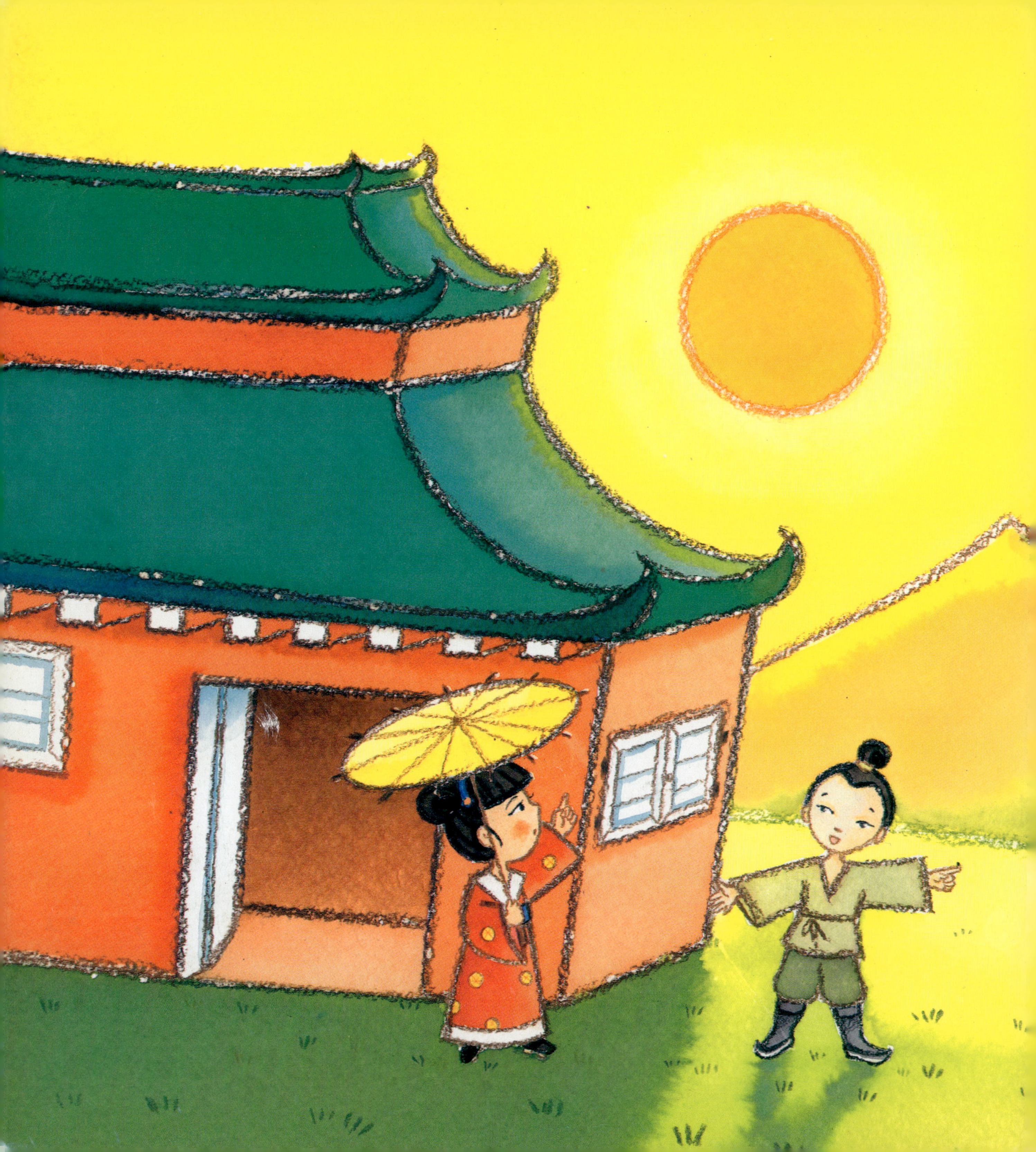

En un lejano país de Asia, en una verde pradera en lo alto de una montaña, vive una niña. Su nombre es Sun.
Hoy es un hermoso día y, al salir de su casa para disfrutar del calor del sol, se encuentra con un niño.
—¡Buenos días! Tú, ¿quién eres?
—Me llamo Chan.
—¿Dónde vives?
—Allá abajo, entre las montañas. Mi pueblo está siempre a la sombra, ¡mientras que aquí disfrutáis del maravilloso calor del sol!
Sun le escucha asombrada.
—¿Quieres que seamos amigos? –le pregunta Chan.
—¡Pues claro! ¡Puedes venir a buscarme cuando quieras! –exclama Sun.
—¡Gracias! ¡Adiós, Sun!
—¡Hasta pronto, Chan!

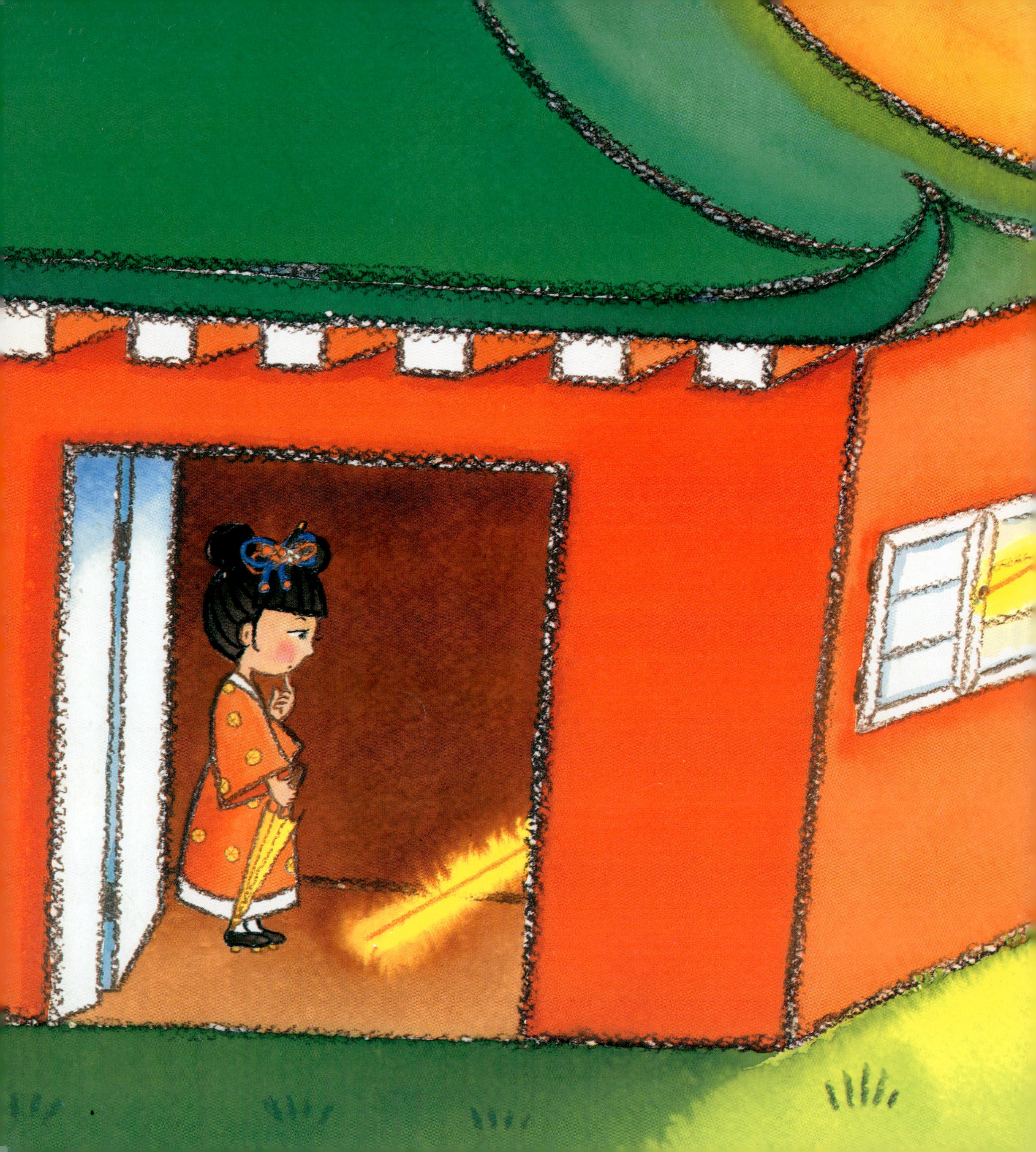

Sun cierra su sombrilla y entra en casa.
Pero una luz extraña le llama la atención.
¡En la penumbra de la habitación ve un rayo de sol
que se filtra por la ventana!
¡Mira y vuelve a mirar, hasta que de repente
se le ocurre una idea!

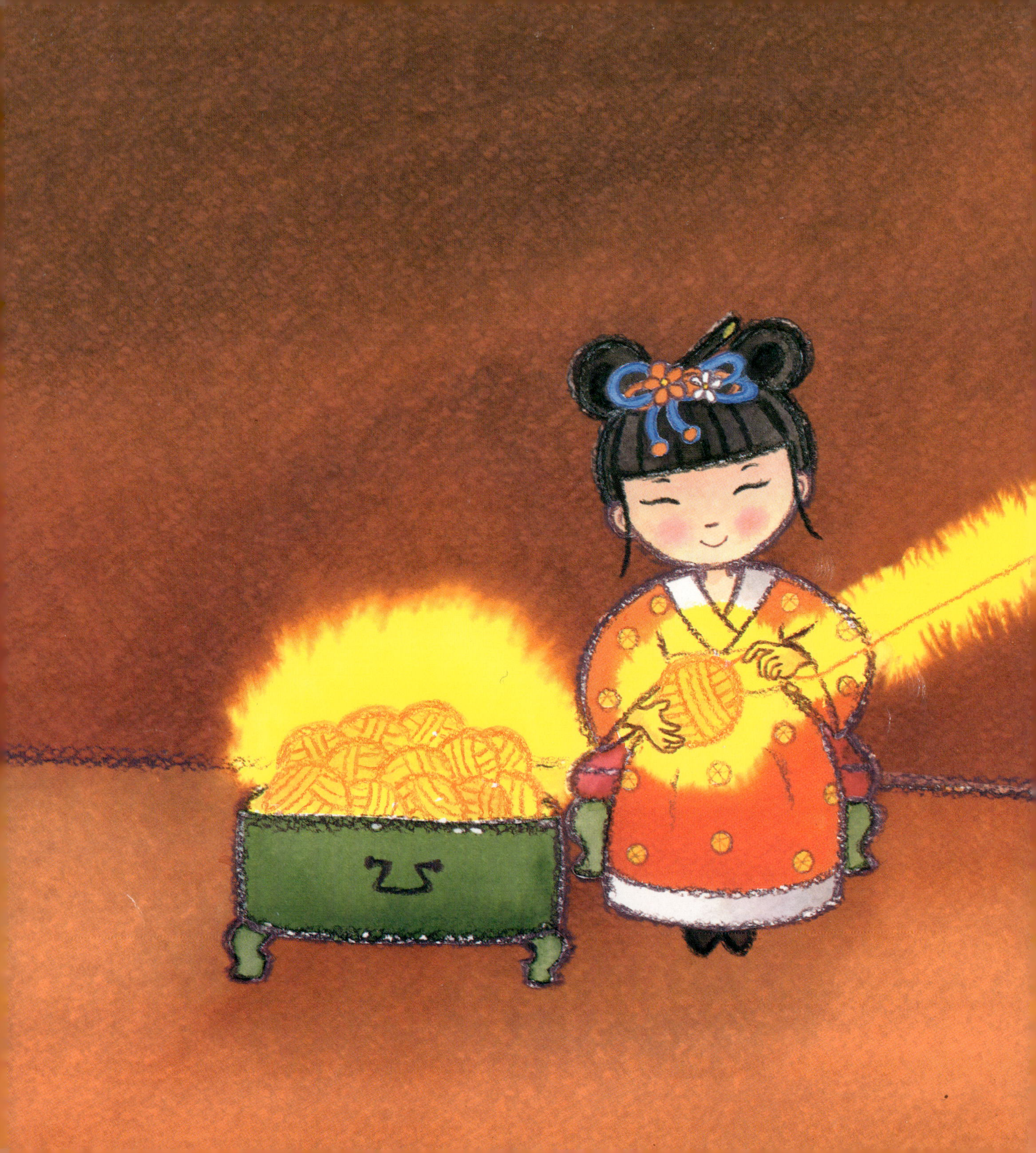

Se sienta junto a la
ventana, coge
delicadamente el rayo
de sol que entra
y empieza a hacer con él
un ovillo tras otro.

Sun mira satisfecha todos aquellos ovillos luminosos.
—¡Confeccionaré una tela de rayos de sol! –exclama, y empieza a tejer.
¡El mágico hilo se convierte en una larga tela luminosísima!

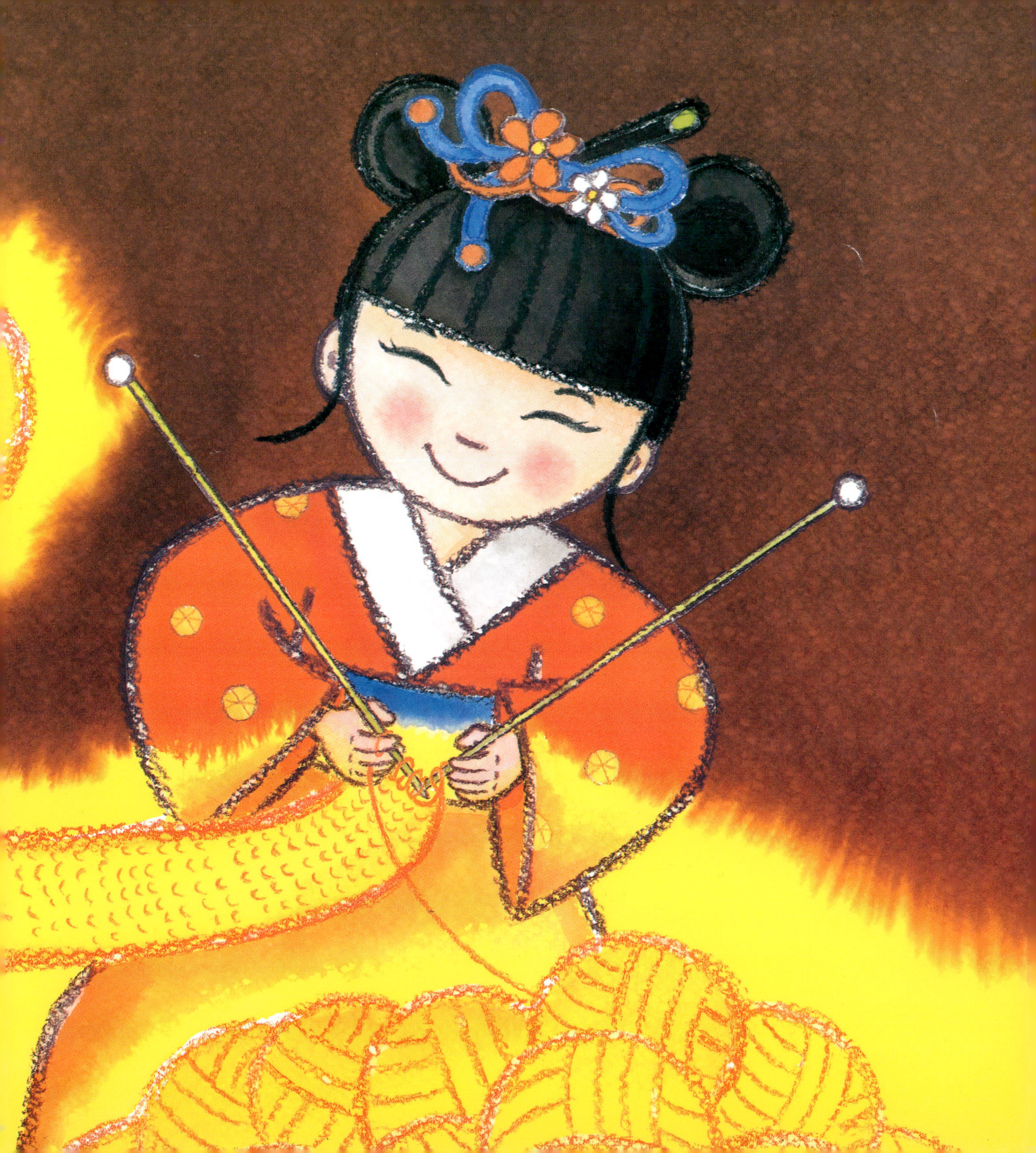

Sun está muy contenta y piensa:
«¡Ahora le haré un hermoso regalo
a mi amigo Chan!».
¡Corta la tela, coge una aguja y en un momento
cose un quimono cálido y luminoso!

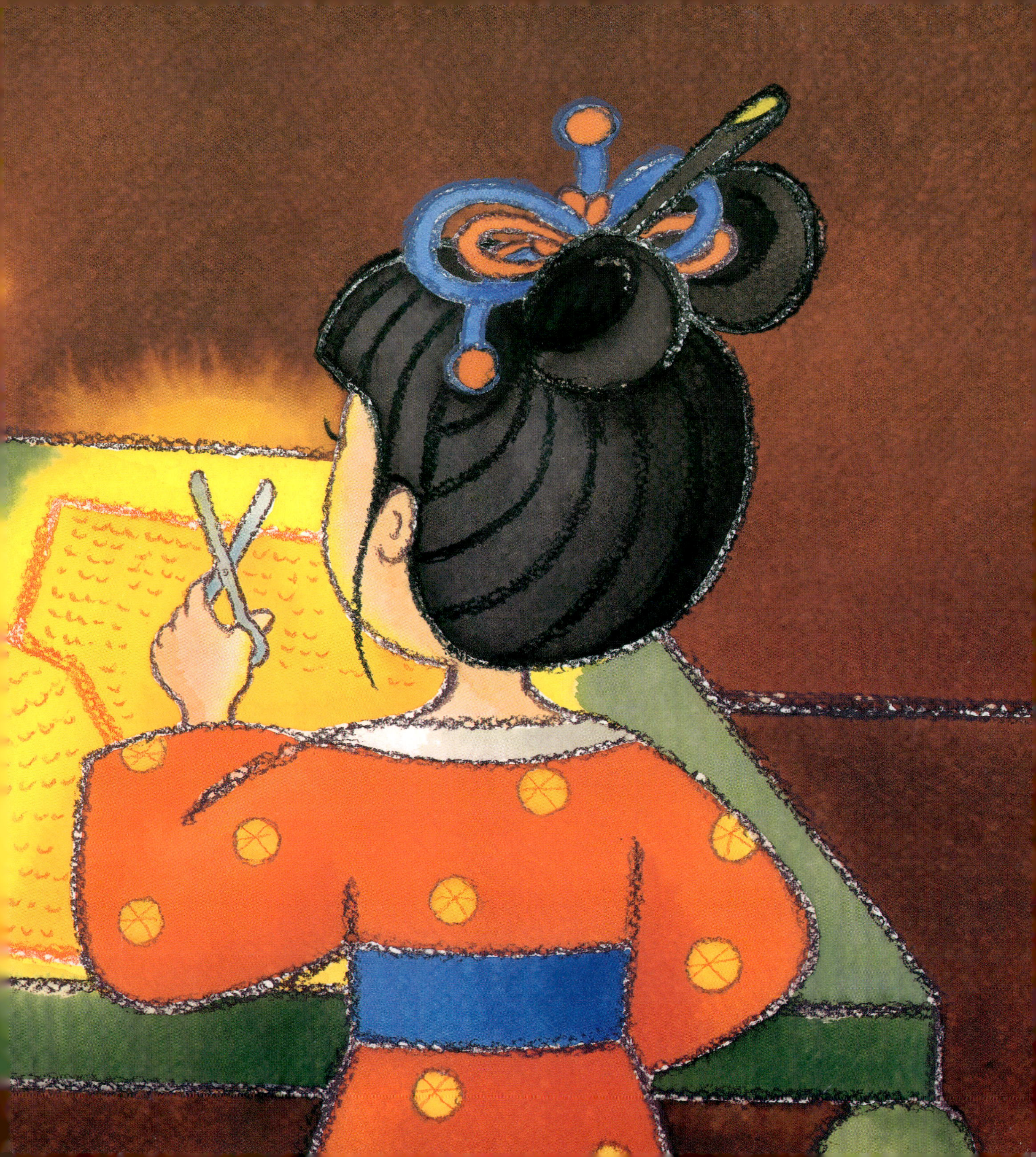

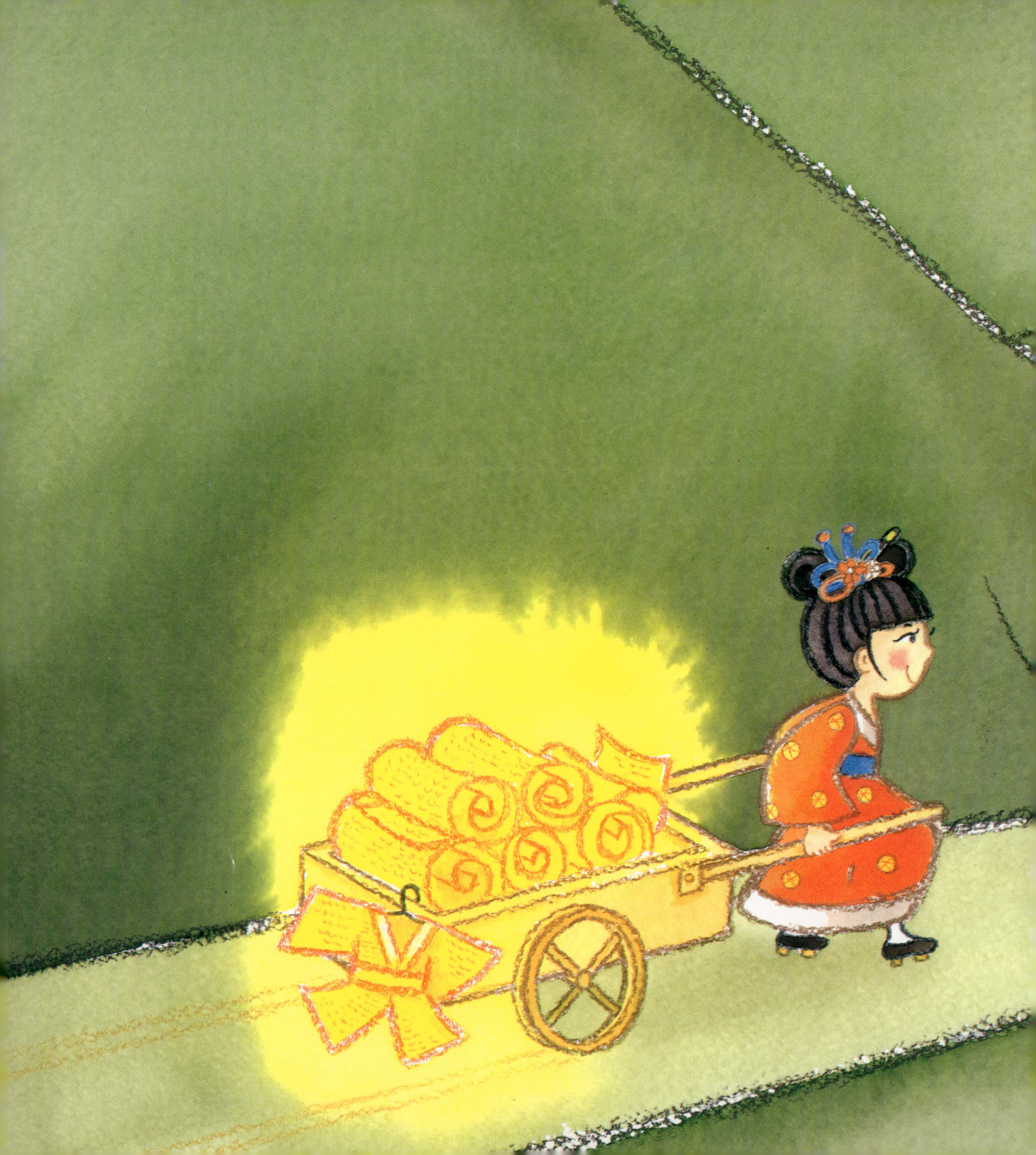

Una vez cargados la tela y el quimono de Chan en un carrito, emprende el camino que lleva al pueblo que está entre las montañas.
—¡Verás qué contento se pondrá Chan cuando vea mi sorpresa! –exclama.

Por fin llega al pueblecito de la sombra
y del frío.
—¿Qué llevas en el carrito? –le pregunta Chan.
—¡Tengo un regalo para ti y una sorpresa
para todos! –responde.
¡Chan no cree lo que está viendo!
Muy contento se pone su nuevo quimono
y él y Sun extienden por los tejados
y las paredes de las casas aquella
maravillosa tela resplandeciente.

Los habitantes observan incrédulos:
—¿Qué sucede? –se preguntan.
Poco a poco por todo el oscuro pueblo del valle se difunde una luz y un calor inesperados.

Como por arte de magia, la hierba de las praderas se pone muy verde y las montañas ya no son grises, sino que reflejan la luz del nuevo sol. Los habitantes están contentos y sonríen felices:
—¡Gracias, Sun! ¡Nos has regalado un poco de calor y de alegría! Sun y Chan se miran muy contentos.
¡Para ellos había sido un día maravilloso!

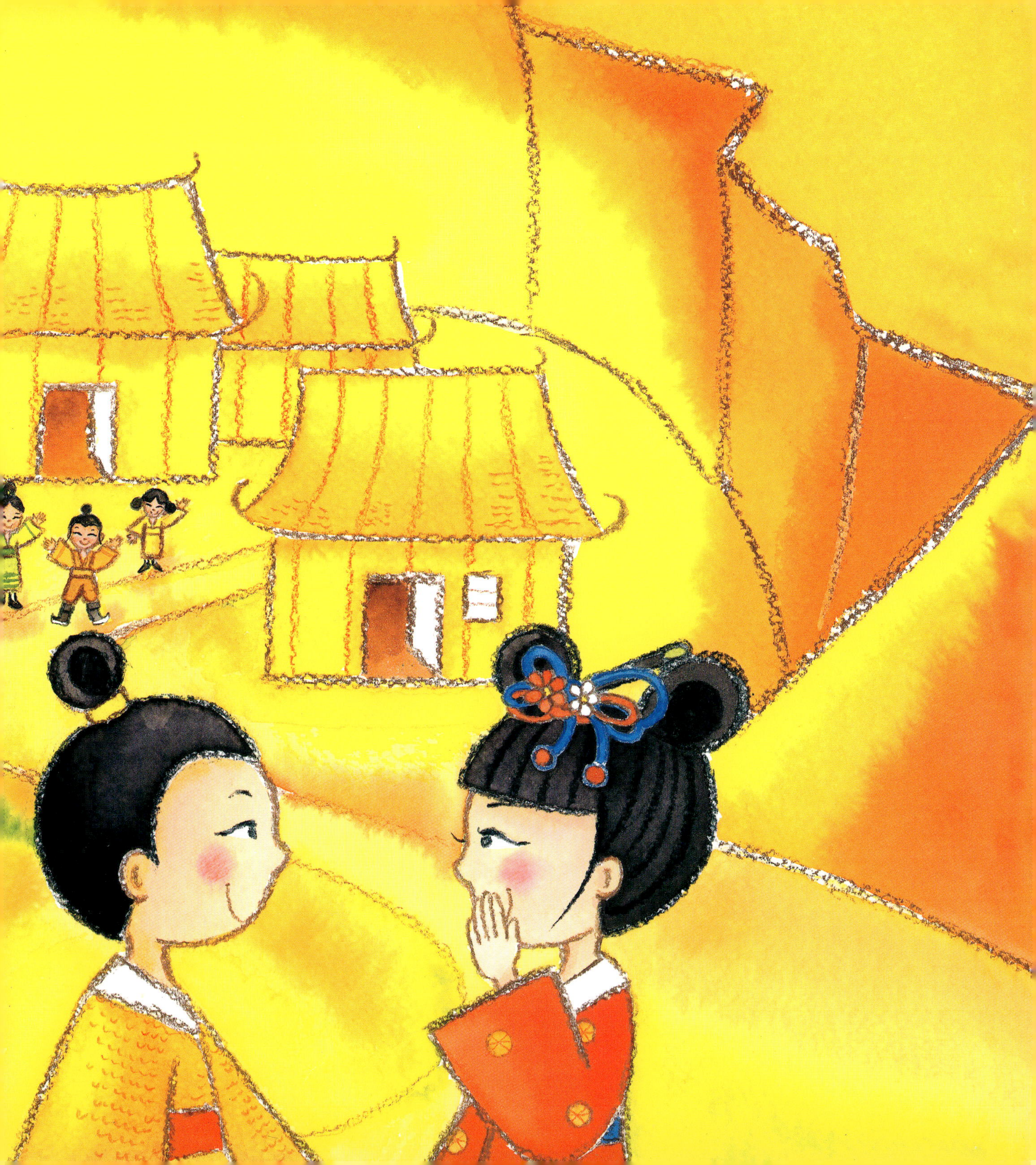

© SAN PABLO 2006 (Protasio Gómez, 11-15. 28027 Madrid)
Tel. 917 425 113 - Fax 917 425 723
E-mail: secretaria.edit@sanpablo.es
© Edizioni Larus S.p.A. 2004, Bergamo

Título original: Un filo di... sole
Traducido por José María Fernández
Adaptado por Dulce Toledo y Sara Loro

Distribución: SAN PABLO. División Comercial
Resina 1. 28021 Madrid * Tel. 917 987 375 - Fax 915 052 050
E-mail: ventas@sanpablo.es
ISBN: 84-285-2959-0
Printed in Italy. Impreso en Italia